AF331538

8° F Pièce
3832

ÉTUDE

[SU]R L'UTILITÉ D'UNE RÉFORME

DE LA LÉGISLATION

EN MATIÈRE

DE

FONDS DE COMMERCE

PAR

M. DE PINDRAY

Avocat à la Cour d'appel de Paris.
Docteur en droit.

PARIS

A L'ADMINISTRATION

DU RÉPERTOIRE GÉNÉRAL PRATIQUE DU NOTARIAT

ET DE L'ENREGISTREMENT

40, RUE D'ASSAS, 40

1905

ÉTUDE

SUR

L'UTILITÉ D'UNE RÉFORME DE LA LÉGISLATION FRANÇAISE

EN MATIÈRE DE VENTE

DE FONDS DE COMMERCE

Une question vraiment actuelle et particulièrement intéressante à de très nombreux points de vue est celle de savoir s'il ne serait pas opportun de modifier notre législation en ce qui concerne la vente des fonds de commerce.

De très nombreuses pétitions adressées par les Chambres de commerce, des vœux pressants, formulés par une grande quantité de Chambres et d'Unions syndicales, de très savantes études émanées de personnes dont la compétence en la matière est hors de discussion, des propositions de lois déposées par des membres très autorisés du Parlement, ont eu pour but, depuis vingt ans, de provoquer une réforme de la législation relative à la cession des fonds de commerce.

Mais toutes ces démonstrations, tous ces vœux, tous ces rapports, sont demeurés à l'état de projets et sommeillent, en bonne et nombreuse compagnie, dans les cartons des Chambres et des bureaux compétents. Le Code de 1807 est toujours en vigueur, avec tout ce qu'il entraîne de troubles, d'embarras et de pertes pour le commerce français.

Puisque nous allons nous occuper des « fonds de commerce » et que nous allons avoir à critiquer le chapitre qui traite de leur vente et de leur transmission, il nous paraît nécessaire, avant toute chose, d'être bien renseigné sur ce qu'on entend par « fonds de commerce » et de connaître exactement leur nature et leur caractère juridique.

Suivant la définition de Lyon-Caen et Renault (Droit commercial, III, p. 167), « sous le nom de fonds de commerce, on désigne un ensemble
» de choses qui se rattachent à l'exercice d'un commerce, principale-
» ment l'installation matérielle, l'achalandage, l'enseigne, les marchan-
» dises en magasin, le droit au bail des lieux où s'exerce le commerce,

1

» la marque de fabrique ou de commerce que le commerçant appose
» sur ses marchandises. »

« Le fonds de commerce, dit Labori, est l'ensemble des éléments qui
» constituent, à l'égard du public, la personnalité d'un établissement
» commercial ou industriel et servent à son exploitation. En réalité,
» l'essence du fonds de commerce c'est l'échalandage, avec, le plus
» souvent, la désignation sous laquelle l'établissement est connu, les
» marques qui caractérisent ses produits, d'une façon générale, tout
» ce qui le distingue pour la clientèle et la rattache à lui. Le matériel
» de l'exploitation est, d'ordinaire, compris dans le fonds, mais il n'en
» est qu'un élément accessoire et séparable. On s'imagine même des
» fonds de commerce sans matériel et réduits simplement à la clien-
» tèle. »

Comme on le voit par ces deux définitions très complètes et très pré-
cises, le fonds de commerce est un corps certain, une universalité sinon
de droit, au moins de fait ; c'est, de plus, un *meuble* incorporel.

Ce caractère mobilier du fonds de commerce entraîne des conséquences importantes, tant en matière de communauté conjugale qu'en
matière d'hypothèque ou d'usufruit.

En outre, la vente de ces fonds n'ayant fait l'objet d'aucune disposition législative, elle demeure soumise au droit commun en matière de
vente de meubles.

Aussi, dans la vente à l'amiable, aucune forme spéciale n'est exigée
pour sa validité ; elle peut donc avoir lieu même verbalement (Paris,
19 janvier 1859, 12 novembre 1860 ; Journ. Trib. comm., 1859, p. 335,
et 1861, p. 69).

Elle est définitive, conformément au droit commun, dès que vendeur
et acheteur sont tombés d'accord sur le prix et les autres conditions
accessoires : nature du prix, époques des paiements, interdiction au
vendeur d'entreprendre un commerce identique dans un certain
rayon, etc.

Par conséquent, en droit et dans l'état actuel de la législation, un
accord et une tradition suffisent pour réaliser une vente de fonds de
commerce. Cet accord convenu et cette tradition une fois effectuée, la
vente est parfaite sans que personne puisse protester, pas même les
fournisseurs, créanciers du vendeur, qui sont impayés au moment où la
cession se produit.

Donc, cette vente ainsi conclue est valable à l'égard des tiers, aussi
bien qu'à l'égard des contractants.

Toutefois, le fonds se composant d'éléments distincts, la vente n'est
opposable aux tiers qu'autant qu'ils n'ont pas sur la chose vendue un
droit supérieur à celui de l'acheteur. Si, par exemple, une personne
a, postérieurement à la vente du fonds, acheté des marchandises
au vendeur de ce fonds, et qu'elle ait été mise en possession, elle ne

pourra être évincée par l'acheteur du fonds, dont le titre est pourtant antérieur au sien. C'est l'application pure et simple de l'article 1141 du Code civil.

En vertu de l'article 1690, le cessionnaire du droit au bail qui aurait signifié au bailleur le transport fait à son profit, avant que cette formalité ait été remplie par l'acheteur du fonds, écarterait ce dernier.

La nature juridique du contrat de vente d'un fonds de commerce étant ainsi déterminée, nous allons, maintenant, examiner ses conséquences.

Il est évident que le crédit d'un commerçant est proportionné, non seulement à sa réputation d'habileté, à sa fortune personnelle, mais encore au prestige commercial de sa maison, à son achalandage, à l'utilité des marchandises brevetées de la vente desquelles il a le monopole, au nombre d'années de jouissance des locaux commerciaux que lui réserve son bail.

S'il est possible qu'un commerçant puisse faire disparaître ce gage sur lequel les créanciers ont eu le droit de compter ; s'il peut les en priver sans recours, sans même, parfois, que rien dans la situation extérieure puisse les avertir, il n'est pas douteux qu'ils seront exposés au plus grave préjudice et que la sécurité du crédit et des relations commerciales sera fortement atteinte.

La législation actuelle ne fournit pas aux créanciers des moyens suffisants d'échapper à ce dommage éventuel, dans tous les cas (et c'est la très grande majorité) où la vente n'a pas lieu au moyen d'une adjudication publique.

Trop souvent, hélas ! la vente des fonds de commerce est effectuée au préjudice des créanciers du vendeur. « Il arrive, en effet, que des com-
» merçants gênés et peu scrupuleux aliènent leur établissement, en tou-
» chent le prix, se le réservent clandestinement, tout en feignant l'in-
» solvabilité et s'enrichissent ainsi au préjudice de ceux-là mêmes qui,
» peut-être, avaient rempli leurs magasins de marchandises restées
» impayées. » (Exposé des motifs de la proposition de loi de MM. Mazeau et Dietz-Monnin).

Sans doute, les créanciers ont bien, — en vertu du principe général posé par l'article 1167 du Code civil, — le droit de faire annuler tous les actes faits par leur débiteur en fraude de leurs droits.

« Les choses, dit M. Martial Bergeron dans un très intéressant
» article publié dans la *Revue vinicole,* les choses paraîtraient donc,
» au premier abord, être pour le mieux; mais, en pratique et dans l'ap-
» plication, tout change de face.

« Pour faire annuler un acte fait par un débiteur, il faut, en effet,
» passer devant la justice, faire des frais.... etc..., etc..., toutes choses
» qui déplaisent souverainement aux commerçants.

« Aussi, restent-ils dans l'inaction. Ce qui fait que les cas de fraude
» se généralisent, au grand détriment du commerce.

« Avec la loi actuellement en vigueur, il est acquis qu'un débiteur de
» mauvaise foi, qui possède un fonds de commerce, peut, sous le cou-
» vert de la loi, vendre son fonds et encaisser le prix, sans que ses
» créanciers aient rien à y voir. »

Dans le but de supprimer ces iniquités et de dresser une mesure de
garantie contre la mauvaise foi, un usage s'est établi, à défaut de
prescriptions légales, usage en vertu duquel l'acheteur d'un fonds de
commerce ne doit verser le prix que dix jours après avoir publié son
achat dans certains journaux. Pendant ce délai de dix jours, les créanciers du vendeur peuvent former opposition à la libération de l'acheteur ; et celui-ci s'exposerait à payer deux fois, s'il versait le prix entre
les mains de son cédant, sans cette publication ou avant l'expiration du
délai.

Cet usage existe, notamment, à Paris, Lyon, Marseille, Amiens,
Cambrai, Rouen. (Pandectes, Fonds de commerce, n°s 392 et suiv.).

En Algérie, un décret du Gouverneur, en date du 19 décembre 1831,
déclarait que l'acheteur d'un fonds de commerce serait chargé des
dettes contractées par le vendeur relativement à ce fonds, à moins que
la vente ait été portée à la connaissance des tiers par voie d'affiches et
qu'un extrait de l'acte ait été déposé au Greffe de la Cour de justice.
Cet arrêté a été abrogé le 15 septembre 1874. Qu'il nous soit permis,
en passant, de regretter son abrogation.

Nous avons dit qu'à Paris et dans quelques autres villes, il est d'usage
de publier les ventes de fonds de commerce. Examinons dans quelle
mesure un tel usage est obligatoire.

En droit strict, il n'est pas douteux qu'un usage, quelque répandu,
quelque généralement admis qu'il soit, ne saurait faire échec au droit
commun et obliger les parties. Lorsqu'elle a entendu subordonner la
validité d'un acte à l'accomplissement d'une formalité, la loi a, en effet,
toujours pris soin de le déclarer formellement.

Aussi, c'est avec raison qu'il a été, maintes fois, décidé que l'acheteur
d'un fonds de commerce n'est, en aucune façon, obligé d'avertir les tiers
de son opération. L'usage précité est et demeure entièrement facultatif
pour les parties. Le paiement du prix entre les mains du vendeur est
valable, nonobstant le défaut de publicité et la non-expiration du délai
d'usage (Seine, 5 février 1859 ; 29 mai 1878 ; 30 juin 1881 ; 4 août 1886 ;
4 juin 1888. Tribunal Bordeaux, 27 août 1883. Voy. Lyon-Caen et Renault, t. III, n° 252).

Toutefois, ces auteurs préconisent un système intermédiaire. Pour
eux, l'usage de la publication des ventes de fonds de commerce ne doit
avoir force obligatoire que dans le cas où les parties ont manifesté la
volonté de s'y conformer. La publication a-t-elle eu lieu ? L'acheteur est

présumé avoir pris, à l'égard des créanciers du vendeur, l'engagement de ne pas payer avant l'expiration du délai d'usage. Au contraire, si vendeur et acheteur n'ont pas jugé à propos de porter leur opération à la connaissance des tiers, ils retombent sous l'empire du droit commun en matière de vente, et l'acquéreur peut valablement payer le prix sans observer aucun délai.

Quoi qu'il en soit de la valeur juridique de l'usage dont il s'agit, soumis aux fluctuations de la jurisprudence, il ne saurait garantir les droits respectifs des intéressés avec autant d'efficacité qu'un texte précis.

Aussi, en 1885, MM. Mazeau et Dietz-Monnin déposèrent au Sénat une proposition de loi ayant pour objet la publication de la vente des fonds de commerce.

Elle était ainsi conçue :

« La disposition suivante est ajoutée à l'article 109 du Code de com-
» merce :

» Toute vente ou cession de fonds de commerce sera, à la diligence
» de l'acquéreur, publiée sous forme d'extrait ou d'avis dans un jour-
» nal du ressort du tribunal de commerce où se trouve le fonds vendu,
» ou, à défaut, dans un journal de l'arrondissement, l'un ou l'autre
» désignés, chaque année par ce tribunal.

» Cette publication contiendra élection de domicile dans le ressort ;
» elle sera renouvelée le cinquième et le dixième jour après la première
» insertion.

» Tout créancier du vendeur pourra, pendant quinze jours francs, à
» partir de cette insertion, former au domicile élu, opposition au paie-
» ment du prix. L'acquéreur qui, sans publications, ou avant l'expira-
» tion de ce délai, aura payé son vendeur, ne sera pas libéré à l'égard
» des tiers. »

Dans l'exposé des motifs, les auteurs de la proposition faisaient re-
marquer que l'absence, dans nos lois, de dispositions spéciales relatives aux ventes de fonds de commerce s'explique par « le peu d'importance
» qu'avait en France, la propriété mobilière, au moment de la pro-
» mulgation du Code de commerce, et par les habitudes de la vie com-
» merciale, à cette époque où un fonds restait longtemps dans les
» mêmes mains. »

Ces considérations, — vraies; peut-être (assurément même), il y a cent ans, — sont, aujourd'hui, absolument erronées et en opposition manifeste avec l'état de la société et des mœurs commerciales actuelles. La propriété mobilière, qui n'existait pour ainsi dire pas, en 1805, a pris, de nos jours, un accroissement tel, qu'elle a surpassé en valeur la propriété immobilière — ou, plus exactement, la propriété foncière, — qui, seule, constituait vraiment les fortunes des Français de la fin du xviiie siècle.

Et, à cette époque, où la vie commerciale était très calme et, pour ainsi dire, sans secousses et sans accidents, les fonds de commerce, établissements peu importants mais sûrs, formaient des patrimoines familiaux que l'on avait coutume de se léguer et d'administrer de génération en génération, sans même songer jamais à leur donner une extension nouvelle ou une vitalité plus grande.

Mais, que l'on se sent éloigné de cette époque, quand on considère la grande majorité des fonds de commerce parisiens de 1905 !

Autres temps, autres mœurs : cet axiome est particulièrement vrai lorsqu'il s'agit de la vie et surtout de la vie commerciale d'un grand peuple.

MM. Mazeau et Dietz-Monnin signalent ensuite les fluctuations de la jurisprudence relativement au caractère obligatoire de la publicité, relèvent les plaintes qui se sont fait entendre au nom des intérêts et de la bonne renommée du monde commercial, et signalent enfin que la Chambre de commerce de Dijon ayant pris, le 26 avril 1882, une délibération motivée concernant la publicité obligatoire, cette délibération fut envoyée à toutes les Chambres de commerce de France et d'Algérie. Sur 38 Chambres ayant répondu à l'appel, 35 ont émis un avis conforme.

La délibération de la Chambre de commerce de Rouen, ayant paru remarquable à divers titres, a été reproduite in extenso dans l'exposé des motifs. Après avoir rappelé les raisons du silence de notre loi' sur cette matière, cette Chambre ajoute que le système actuel facilite au propriétaire « le moyen de frustrer ses créanciers de leur gage, en ven- » dant son fonds à leur insu et en touchant le prix, sans que les créan- » ciers aient été mis à même d'exercer utilement leurs droits. »

Dans un rapport du 26 novembre 1887, M. Courcelle-Seneuil, conseiller d'Etat, a examiné trois propositions relatives à la vente des fonds de commerce, propositions qui avaient été soumises à l'examen de la section de législation :

1° Prévenir la fraude par une loi et organiser la *publicité* de la vente des fonds de commerce ;

2° Donner aux créanciers prévoyants un moyen d'acquérir un *droit de préférence* sur le prix du fonds de commerce, pour la sûreté de leurs créances ;

3° Réprimer la fraude par de nouvelles dispositions pénales (1).

L'honorable Conseiller d'État estime que les fonds de commerce pourraient parfaitement faire la matière d'un engagement réel semblable à l'hypothèque, le fonds de commerce étant (bien que réputé meuble), un immeuble par nature, en raison de l'achalandage et du droit au bail, qui ne peuvent être transportés d'un lieu à un autre.

---

(1) Celui qui conclurait une vente sans observer les formes prescrites commettrait un délit punissable d'une peine intermédiaire entre celles qui frappent la banqueroute simple et la banqueroute frauduleuse, et qui serait d'un an de prison au moins et de trois ans au plus.

Il suffirait seulement, pour cela, de définir rigoureusement le fonds de commerce.

M. Martial Bergeron propose les trois remèdes suivants, destinés à empêcher les fraudes qui peuvent résulter et qui résultent en fait de la législation actuelle relative à la vente des fonds de commerce :

1° Obligation pour les vendeurs et les acquéreurs de publier la vente de ces fonds ;

2° Convocation des créanciers qui, réunis en Assemblée, devront décider s'il y a lieu ou non d'accepter la vente ;

3° Droit de contrôle donné aux créanciers sur la vente, droit que possèdent les créanciers hypothécaires.

« Qui empêcherait, dit l'auteur de l'étude parue dans la *Revue vini-*
» *cole*, de concéder aux créanciers la faculté, si le prix de vente
» leur paraît insuffisant, de faire remettre ce fonds de commerce en
» vente, sous la condition, la même qu'en matière immobilière, de les
» obliger à porter ou faire porter une enchère, qui serait d'un tant
» pour cent à déterminer ? En principe, rien ; alors que tout le
» monde voit de suite les heureux résultats de cette innova-
» tion.

« Avec le droit de mise en vente, les vendeurs et les acquéreurs ne
» pourraient plus, en effet, s'entendre pour réaliser sous le manteau
» de la cheminée en faisant passer une partie du prix sous la table,
» suivant l'expression consacrée.

« Rien donc, à nos yeux, ne peut, en principe, s'opposer à ce que la
» réforme à faire s'appuie sur cette combinaison maîtresse, de donner
» aux créanciers un droit de contrôle sur la vente et un droit de mise
» en adjudication, si le prix ne leur convient pas ».

Pour réaliser en droit et en fait la réforme proposée, il suffirait, dit M. Bergeron, de consacrer par la loi les dispositions pratiquées aujourd'hui en vertu de l'usage de Paris.

« La loi imposerait, par suite, trois innovations :

« 1° L'obligation de publier dans un journal d'annonces légales ;

« 2° L'obligation d'élire domicile soit chez l'acquéreur, soit chez un
» tiers pour la réception des oppositions ;

« 3° L'obligation de déposer chez l'acquéreur, aussitôt après la
» signature de la vente, et, par conséquent, avant la prise de posses-
» sion, tous les actes de propriété qui constatent le droit du vendeur
» sur le fonds vendu.

« Pendant un délai de dix jours, qui suivra la publication de la vente
» du fonds de commerce, tout tiers intéressé pourra former opposition
» sur le prix par simple acte extra-judiciaire, et notifier s'il accepte ou
» n'accepte pas la vente.

« Dans l'affirmative, il sera passé à la délivrance.

« Dans la négative, le ou les créanciers non-acceptants auront un

» délai de cinq jours pour requérir la mise en vente par adjudication
» publique devant un notaire, du fonds de commerce.

« Les règles de procédure de la folle enchère seront applicables en la
» matière. »

Tous ces articles de revues, toutes ces délibérations des Chambres de commerce, tout ce mouvement en faveur d'une réforme de la législation en matière de ventes des fonds de commerce, ont abouti à la proposition de loi déposée, dans le cours de 1902, par M. Charles Gervais à la Chambre des Députés

Cette proposition de loi est ainsi conçue :

Art. 1er. Toute vente de fonds de commerce devra, à peine de nullité, être insérée dans un journal d'annonces légales de l'arrondissement dans lequel le fonds est exploité, avec indications des noms. prénoms et adresses du vendeur et de l'acquéreur, de la désignation du fonds et du domicile élu pour les oppositions, lesquelles seront recevables pendant dix jours. Cette insertion sera faite, au plus tard, le lendemain du jour où l'acte aura été signé, pour les villes où ces journaux paraissent tous les jours, et dans la huitaine pour les localités où les annonces légales ne peuvent être insérées que dans des publications hebdomadaires.

Art. 2. Les parties intéressées ou leur mandataire devront, à peine de nullité, dans le délai de trois jours, à compter de sa date, déposer au greffe du tribunal de commerce du lieu où le fonds est exploité un original ou une expédition de l'acte de vente dont la communication sera faite à tout créancier.

Art. 3. Dans le délai de dix jours de la publication, tout créancier présumé pourra former une surenchère.

Art. 4. Si la vente a été faite au comptant, la surenchère sera du sixième du prix porté dans l'acte.

Art. 5. Si elle a eu lieu, partie à terme et partie au comptant, cette surenchère ne portera que sur cette dernière partie et sera également du sixième.

Si elle a été faite, payable entièrement à terme, on prendra pour base de la surenchère le dixième du prix total (1).

Art. 6. Dans les deux cas prévus par l'article précédent, si, dans les cinq jours, l'acquéreur offre bonne et valable caution pour la partie du prix payable à terme, la surenchère devra être renouvelée dans les quarante-huit heures et elle devra porter, en ce cas, sur la totalité du prix.

Art. 7. Si la caution est contestée, le désaccord devra être porté, dans le délai de cinq jours, devant le tribunal de commerce de l'arrondissement, qui devra statuer dans la quinzaine.

Art. 8. La déclaration de surenchère sera consignée sur un registre spécial tenu au greffe du tribunal de commerce.

Art. 9. Récépissé de cette déclaration sera remis au créancier surenchérisseur qui, le jour même, ou le lendemain au plus tard, devra déposer à la caisse des dépôts et consignations qui le recevra, sur le vu du récépissé du greffe, le prix principal augmenté du montant de la surenchère et en délivrera quittance. Cette quittance devra, dans le délai de vingt-quatre heures, à compter du dépôt des fonds, être remise au greffe contre reçu.

Art. 10. A défaut par le créancier de ce faire, dans les délais ci-dessus impartis, toute autre surenchère sera admise et le délai de dix jours pendant

---

(1) En fixant le dixième, on essaye de se prémunir contre la fraude qui consisterait à majorer assez le prix pour éviter la surenchère.

lequel la surenchère peut être formée ne courra que du jour de la surenchère précédente.

Art. 11. Après l'accomplissement de ces formalités, le surenchérisseur ne pourra, en aucun cas, se désister et la mise en adjudication du fonds sera ordonnée.

Art. 12. La vente sera alors renvoyée devant un notaire désigné d'office par le tribunal de commerce. Ce notaire devra y procéder dans la quinzaine du jour où il aura été commis.

Art. 13. Tous les frais, y compris ceux avancés par l'acquéreur surenchéri, et par le surenchérisseur, resteront à la charge de l'adjudicataire.

Le créancier qui, faute d'observer les délais fixés, aurait perdu son droit de surenchérisseur, supportera les frais qu'il aura nécessités et dont il sera tenu de faire l'avance au greffe du tribunal de commerce en faisant sa déclaration de surenchère.

Art. 14. Dans le cas où il ne serait formé aucune surenchère, dans le délai imparti, l'acquéreur, s'il a connaissance qu'il existe des créanciers du vendeur, devra, à peine de nullité de la vente, verser le montant de son prix en espèces et billets entre les mains de celui d'entre les créanciers ou du mandataire désigné par la masse.

A défaut d'entente à ce sujet. il en sera référé par le créancier le plus diligent à M. le président du tribunal de commerce qui désignera un des administrateurs nommés par les tribunaux pour encaisser le prix de vente et procéder à la répartition.

Voilà une proposition de loi qui, après qu'elle aura subi quelques légères retouches nécessaires, semble devoir transformer très utilement et très pratiquement la législation actuelle relative à la vente des fonds de commerce.

Nous n'avons qu'à souhaiter ardemment la mise à l'ordre du jour de ce projet.

Souhaitons, surtout, d'assister, au plus tôt, à sa discussion et à son acceptation définitive par le Parlement. Car il y a une utilité extrême à remédier sans plus de retard, et cela dans le plus sérieux intérêt du commerce et des commerçants, à une situation qui laisse la porte grande ouverte à la duperie, à la fraude et à la mauvaise foi.

Administration du Répertoire général pratique du Notariat et de l'Enregistrement

PARIS — 40, rue d'Assas — PARIS (6e)

PETIT

FORMULAIRE DU NOTARIAT

AVEC L'INDICATION SOUS CHAQUE FORMULE

des honoraires, des droits d'enregistrement et des formalités

SUIVI D'UN CODE DU NOTARIAT

PUBLIÉ PAR

Charles DEFRÉNOIS

Directeur-rédacteur en chef
du *Répertoire général pratique du Notariat et de l'Enregistrement*

1 volume format 12×18

PRIX FRANCO : broché, **5** fr.: relié peau souple, **6** fr. **25**

Contre réception d'un mandat poste joint à la commande.

Ce petit formulaire est d'une utilité incontestable non seulement aux notaires, mais encore aux magistrats, aux avocats, aux avoués : car, dans l'exercice de leurs fonctions ou professions, il leur est nécessaire d'avoir un ouvrage renfermant les formules des actes qu'ils ont à appliquer ou à discuter.

Cet ouvrage qui a 480 pages contient toutes les formules d'un usage courant (plus de 400); elles sont rapportées par ordre alphabétique d'après l'ordre indiqué par les décrets du 25 août 1898 sur le tarif légal.

A la suite de chaque formule, nous rapportons les honoraires pour toutes les cours et les droits d'enregistrement qui y sont applicables, ainsi que les formalités qu'il y a lieu de remplir : de cette façon on trouve réuni dans cet ouvrage un tarif légal des honoraires et un tarif des droits d'enregistrement.

Enfin en appendice, on trouve toutes les lois constituant la législation notariale ainsi que le texte des articles de loi dont les notaires doivent donner lecture aux parties (dernier alinéa des articles 1391 et 1392 du Code civil et articles 12 et 13 de la loi du 23 août 1871), et le texte des articles du Code civil concernant les testaments authentiques et mystiques.

BIBLIOTHEQUE NATIONALE DE FRANCE

3 7511 00359415 0

www.ingramcontent.com/pod-product-compliance
Lightning Source LLC
LaVergne TN
LVHW021800030726
842523LV00003B/1124